나를 찾아 떠나는 여행

섬, 사람

저자 임금택

대한신학대학원대학교 졸업
시인, 수필가, 조경사, 석공
[한국문인] 시, 수필 부문 등단
사)새한국문학회 연수원 원장
euntaick9183@gmail.com

나를 찾아 떠나는 여행

섬, 사람

한국문인 출판부

시집을 내면서

어느덧 제주살이 23년째가 되었다.
낯선 이방인이었던 정착 초기부터 이제는 섬과 동화되어 가는 시간들…
섬을 멀리서 또 코끝을 들이밀고 구석구석 탐색하며
시나브로 섬사람이 되어갔다.

그렇게 섬사람이 되어가며
스스로 가두었던 고치를 한 줄씩 풀어내는 일은,
누에고치에서 명주실을 뽑아내는
'나에게로 떠나는 여행'이라 할 수 있을 것이다.

감추어 두었던 세월의 창고에서 기억의 편린들을 꺼내 보는 것은 과거와 현재를 넘나들며 내일을 위해 씨를 뿌리는 마음일 것이다.

들녘을 지나다 생각지 않게 무리진 들꽃을 만나 잠시 들여다보며 미소짓는 것처럼 이 글들이 작은 위로와 희망의 씨앗으로 전해지길 바랍니다.

2022년 1월 20일
제주 꿈의숲 정원에서

시집을 내면서   4
임금택 시인의 작품세계   경암 이철호   196

1부 섬에 살고 있습니다

빨래집게	12
꽃나무, 열매나무인데	15
숨	16
섬에 살고 있습니다	18
잣성	21
*빌레못	23
야고	24
.5	25
*머들에 사는 팽나무는 작품이라 하네	26
태풍 속에서	28
*껄	31
외로운 늑대	32
잠 못 드는 밤	35
서리 내린 아침	36
겨울이 온 거야	39
보리수와 느릅나무	41
잊었습니다	42
부분 월식	44
얼음정원	47
나비	48
봄을 꿈꾸다	51
하늘 비는	52
오늘, 지금이라는 순간에	55
당신을 사랑하는 것은 나를 사랑하는 것입니다	57

2부 정원사의 어느 날

다알리아, 계절을 거스리다	60
결핍	63
뒤에서 박수치는 담당	65
정원사의 어느 날	66
숫돌과 아버지	69
동박꽃 나무	70
털머위	72
머리새	74
가시나무	75
내 마음의 정원	77
여완	78
팔손이	81
별 낚시	83
태풍에 맞서는 방법	85
수선화	86
앞으로 뒤로 똑같은 날	89
누리장나무	91
노아시 분주	92
겨울 정원	94
봄일까?	96
봄눈처럼 녹아지기를	99
심은 대로 피는 꽃	101
아픈 기억을 지울 거야	103
봄비가 내립니다	104

3부 그 이유

익모초	109
함덕해변의 밤	111
그 이유	113
단풍나무 고운 잎은	114
가을이 지나기 전에	117
뼈	118
별리	120
당연하지	123
바람 언덕에 서 있는 팥배나무	125
꿩과 사냥꾼	127
새포아풀	129
한겨울에 내가 할 수 있는 일	130
약봉지	133
채마밭에서	134
짚신나물	136
지붕 위 황소처럼	138
춘설	141
봄 정원의 서정	143
찔레꽃 피는 오월의 아침	145
시월, 눈부신 날에	147
돌담 쌓기	150
보물찾기	152
뒷모습	155

4부 나무야 나무야

구름 하늘	159
섬에서 길을 잃다	161
나무야 나무야	162
그대의 주소	163
생존	164
가시덤불 안에 하눌타리	165
호자나무	166
양철지붕에 쌓인 그리움	169
일식	171
봄을 보리라	172
물 빠진 바닷가에 서서	175
봄날에	179
탱자나무가 조각자나무에게	181
천남성	182
먹구름	183
안개 낀 정원	184
봄 그리고 연못	187
주물난로	189
가시밭 길 헤쳐 나가야 한다면	190
1월 아침에 뜬 달	193
나방	195

1부   섬에 살고 있습니다

빨래집게

나를 붙잡아 주세요
바람에 날려가지 않게

날 붙잡아 주세요
햇살 아래 춤출 수 있게

나를 붙잡아 주세요
흔들려도 제자리 지킬 수 있게

금난초

실잠자리

꽃나무, 열매나무인데

열매도 없고
꽃도 없는 나무는
간절함을 잃어버렸거나
꿈이 없는거야

숨

내게 찾아온 그대로부터
나의 삶이 시작되었습니다

위급한 순간에
다급히 붙들어 주었고

그대가 느껴지는 시간들은
힘겨운 날들이었지요

값없이 일생을 지켜 준 당신은
나를 다 알고 있습니다

돌아보니 그대를 느끼지 못한 날들은
평범한 일상 속에서 행복했습니다

모든 끝은 새로운 시작을 가리키듯이

그대가 떠나시는 날은

나를 새 삶으로 인도하기 위함입니다

나는 당신과 함께할
모든 날, 모든 순간을 감사하며
그날을 기다리겠습니다

목단

섬에 살고 있습니다

사람들이 섬 섬 하길래
그렇구나
내가 섬에 사는구나 하였습니다

삼 년은 유배지에 갇힌
죄수의 심정이었는데
세월이란 게 잊게 하였습니다

육지라는 말이 스스럼없이 나오면서
섬사람이 됐다고 생각하면서도
사노라니 잊게 되었습니다

어디라고 만만하겠는가
세상살이가 다 그렇지요

아침 햇살에 눈뜨며 감사하고
별빛 초롱한 밤에 마른자리 감사하니
섬에 발 딛고 있어도 감사합니다

선흘리

잣성

까마득한 옛날 옛적에
손으로 쌓은 돌무더기
인적 없는 곶자왈
거친 숨소리 사라진 숲에
고사리, 콩란이 뒤덮였네

*잣성 : 제주 중산간 초원에서 말을 방목하면서 쌓은 높고 두꺼운 돌담

선흘리 선새미못

*빌레못

흐르던 불이
화석이 되고
겸손한 낮음
물을 품었네

*빌레못 : 점성이 약한 파호이호이 용암이 흐르다 굳어진 넓고 평평한 암반 지대의 연못

야고

나의 사랑은 당신 안에서만 발견되어집니다

*야고

*야고 : 제주도 억새 뿌리에 기생하는 기생 식물로
한가위 즈음에 꽃이 핀다

.5

모자라거나
넘어갔거나

무시하거나
정확하거나

점오
여간 성가신 존재가 아니다

*머들에 사는 팽나무는 작품이라 하네

새와 바람에 맡긴 몸이
내려앉은 터전
하필 넓적 바위 돌무더기라니

원망하기보다는
돌 틈 실오라기 한 올 붙들어
뿌리 내리다 *빌레를 만났네

돌바닥 더듬으며
목마름과 추위와 더위를 견뎌 살만하니
햇빛 가린다고 낫이 달려들고
무서운 톱에 댕경댕경 잘렸네

뒤돌아선 어깨 들썩이네
앙다물고 버틴 시간들

어둔 밤 별빛이 스며들어
상처투성이 험한 몸뚱어리

아물고 또 아물어
살아 낸 세월이 나를 빚었네

*머들 : 밭을 일구며 넓은 너럭바위 위에 모아놓은 돌무더기의 제주 방언.
*빌레 : 점성이 약한 파호이호이 용암이 흐르다 굳은 넓고 평평한 암반.

태풍 속에서

미친 듯이 흔들리던 대나무
의연한 소나무
아랑곳하지 않는 동백나무
여린 꽃잎 달고 휘청이는 부용

새들도 나무 그늘 어딘가에 숨죽이고
거센 바람 소리만 가득하더니

저마다 모양은 달라도
이 바람 어서 지나기를
한마음으로 버티겠지

바람은 멈추지 않고
지나가는 거니까

*껄

하루에 두 번

밀물에 잠기고

썰물에 바람 쐬는
고단한 시간들

여기가 경계이니
바다는 거기 머물라 하네

*껄 : 돌들이 많이 쌓여있는 바닷가를 이르는 제주방언.

외로운 늑대

우두머리는 변명하지 않습니다
다만 책임질 뿐입니다

앞에 서서 멀리 보는 것은
결과를 알 수 없는 미지의 영역입니다

그럼에도 나아가야 합니다

지난 일 돌아보며 이러쿵저러쿵하는 것은
강 건너 팔짱 낀 이들입니다

이런저런 말에 속상하지만
그럼에도 울타리가 되어 주고
먹이를 잡아 주어야 합니다

눈보라 치는 황량한 벌판에
우뚝 선 그대는

완벽하지 않아도 괜찮습니다
아름답지 않아도 괜찮습니다

살아남기 위해 뭐라도 해야 하는 가장이니까

으름덩굴

잠 못 드는 밤

달빛이 너무 밝아
잠을 잊었습니다
풀벌레 소리에
뒤척이다 앉았습니다
검푸른 숲에 소쩍새만이
깨어있습니다
그 많던 아름다운 새들은 어디 숨었을까요
그토록 갈구하던 달이 환히 비추는데
어둠이라 했던 날이 지나고 나니
진짜 어둠이 짙어갑니다
낮에 졸던 개들은 더 깊은 잠에 빠졌나 봅니다
귀뚜라미 밤새 울어도 새벽은 멀기만 합니다

여명의 새벽 아침은 거저 오지 않습니다

서리 내린 아침

찬란한 햇살에 차가움 부르르 털어내는
참새들의 속삭임으로 시작한다

남들이 하는 일은 쉬워만 보이는데
내가 하려니 어렵고 힘들다

남들 눈에는 내 일이 쉬워 보이려나

틈틈이 다른 일도 했지만
한 달째 미완성인 작은 하우스 만들기에
아내가 이제 그만 마치고 다른 일을 하라 하네

한 가지 몰두하면
급한 일도 안 보이는 성격에
기다리고 기다리다 하는 말이니
내 자신도 생각하기에
쉽지 않은 이런 나를
견뎌 주는 아내가 고맙다

일 끝 무렵에서야
작업대 만들고 간식거리 올려놓으니
소소한 기쁨이 되었다

다른 할 일이 쌓여 있으니
이제 그만 마무리해야지

송악꽃

겨울이 온 거야

동백꽃이 피었어
이젠 겨울인 거지
함덕 해변에 오랜만에 나왔어
숨쉬기조차 힘들던
지난 여름의 열기는
어디로 사라졌을까
옷을 껴입었는데도
스미는 한기는 어쩔 수 없어
파도는 끊임없이 밀려오고
백사장은 그대로인데
수많은 기억들이
어제처럼 뚜렷한데
갯바위 틈에 일렁이는
어둠을 닦아내며
나 홀로 앉았네
바람이 쓸쓸한 건
지나온 발자국이
파도에 지워졌기 때문일 거야

보리수

느릅나무

보리수와 느릅나무

보리수는
상처가 아물지 않아
조금씩 썩어들어가다
결국, 흙이 되고

느릅나무는
점점 치유의 물질이 나와
커다란 상처마저 덮네

상흔이 많을수록
멋진 작품이 되는 느릅나무는
훌륭한 약재가 되지

몸에 입은 상처는 딱지가 떨어지면 낫지만
마음의 상처는
보리수같이
세월이 지나도 아물지 않네

잊었습니다

늪에 빠져 허우적거리느라
하늘에 달이 뜨는 걸
몰랐습니다

어린 별들이 옆에 있다는 걸
몰랐습니다

꽃들이 피고 지는 것도
새들이 노래하는 것도
몰랐습니다

뭍에 겨우 올라 주위를 둘러보니
달은 기울고
별들은 떠나갑니다

갈바람에 춤추는 억새 벌판이
시리게 합니다

2021. 11. 19. 알밤오름 월식

부분 월식

티 없이 맑은 저녁

소슬바람이 불어도
당신을 흔들지는 못하리니

곱게 단장한 신부를 맞으러
은하수 언덕에 서리라

갓 피어 온 겨울 수놓을
동박꽃은 땅 그림자에 놀라겠지

챙겨주는 밥에 정원에 눌러앉아
때 되면 밥 내놓으라고 야옹거리는
길고양이들도 눈을 반짝이며

어느새 꽃봉오리 달고 있는 목련이
무슨 일인가 궁금해 고개를 내밀고

국화꽃은 향기로운 노래를 부를 테니

흩날리는 낙엽이 외롭지 않으리

기다리던 당신은
알밤오름 허리를 휘감아 오르는데

검붉은 베일 쓴 당신이 낯설어
흔들리는 눈동자 쉬지 못하고

잠시 수심 어린 얼굴이
이슬 위에 비치네

얼음정원

추위라는 이름의 조각가
고통의 칼로 빚은 환희

나비

어느 날 깨어 보니
푸른 잎새들과 신선한 공기와
아름다운 꽃들에 둘러싸여 있었어

내 모습을 보니 벌레였어
가장 약하고 징그러운 존재

하늘이 있다는 걸 알았지만
꿈을 꾸기엔
너무나 초라하고 비참했어

어느 날
창공을 나는 예쁜 나비를 보았어

너도 나처럼 될 수 있다고
말해 주었지만
처음엔 믿기지 않았어

나비가 되려면
번데기가 되는 모험을 해야 한다고

두려웠지만
나비를 꿈꾸며
긴 잠에 빠져들었지

오랜 추위 속에 잉태한
아지랑이 넘실대는 그날
찬란한 날개를 펼쳐 보일 거야

핫립세이지

봄을 꿈꾸다

어느덧 20년이 훌쩍 넘은 제주살이에서
두 번째 폭설이네
온 천지 덮는 눈보라는
가 본 적도 없는 머나먼 시베리아에서 시작되었다지
눈가래 밀며 길을 몇 번이고 내다보니
제설작업 하던 30년도 더 지난 군 생활도 떠오르고
엄마 손 꼭 잡고
무릎까지 푹푹 빠지던 눈길 걸으며 교회 가던
어린 시절 기억의 조각들도 어제처럼 선명하네
휘이이이 휘위이잉
겨울바람은 설원의 나목들을 에우는데
천리향 꽃봉오리는 벌써 준비를 마쳤네
밤이 깊으면 새벽이 가깝듯이
혹독한 추위는 봄의 따스함을 부르듯이

세상일도 그러했으면

하늘 비는

그릇 모양을 상관하지 않고

나무와 꽃과 풀을 고르지 않으며

돌과 흙을 가리지 않고

호수와 강과 사막과 산, 바다를
망설이지 않으며

생명을 줍니다

꽃양귀비

오늘, 지금이라는 순간에

살아온 기억의 편린들은
단지 하루 같은데
오늘의 나는 지금에만 살고 있네

므두셀라는
구백육십구년을
오늘에 살다가 지금에 돌아갔고

에녹은 오늘 주님과 동행하다
지금 부르심 받았으니
죽음을 볼 시간이 없었네

나 주님 뵐 그날에도
오늘, 지금에 만날 것이니

무화과 잎사귀 옷은 던져버리고
주님 주신 보혈의 가죽옷 입고
천년이 하루 같은
하나님 아버지의 사랑 안에 살려 하네

범부채

당신을 사랑하는 것은
나를 사랑하는 것입니다

내 안에 미움이 자랄 때
당신을 사랑할 수 없습니다

내 안에 원망이 가득할 때
당신을 원망합니다

내가 누군가를 증오할 때
나를 증오합니다

내 안에 사랑이 싹트고
자라고 넘칠 때

비로소 당신을 사랑하며
그 안에서
나는 발견됩니다

2부   정원사의 어느 날

다알리아, 계절을 거스리다

10. 21.
봄에 피는 그대가
이제서야 고운 자태를 드러내었다
작년 봄에 심었던 꽃이
계절을 그냥 지나서
살아 있는 것만으로 고마웠건만
오정 햇살마저 따사로운 시월의 끝자락에서
생각지도 기대하지도 않은 널 마주치니
놀랍고 고맙다

포기하지 않아서

자화부추

까마중

결핍

누구나 한 두가지, 서너가지 쯤
빈 주머니를 가지고 살지요

채우고 싶어도 채울 수 없는

간절하거나
무심히 지나쳐도

깊은 바다 속에 있어 꺼낼 수 없는

지킬박사와 하이드가 살아요

애기도라지

뒤에서 박수치는 담당

그저 그런 사람
있어도 없어도
표나지 않는
자리나 채워 주던
그림자 같은 사람도

간절히 꿈꾸면

뭔가

소원의 깃털을 달고
끈기라는 날개를 퍼덕이면
하늘을 날 수 있음을
알면 좋겠습니다

정원사의 어느 날

그리운 날에는
바다에 서겠습니다
그리움 사무친 파도가 나를 삼키도록

그리운 날에는
억새꽃 벌판에 서겠습니다
갈바람이 나를 뒤흔들어 놓도록

그리운 날에는
숲길 따라 걷겠습니다
나무도 풀도 풀벌레 소리도
졸졸 따라다니도록

그리운 날에는
전정가위와 톱을 허리춤에 차고
스스로 쳐내지 못하는 나무를
만져주겠습니다

어둠이 안개처럼 내리고
하늘이 파랗게 질릴 때
지친 몸이 영혼을 채근하여
그리움이 날 내버려 둘 때까지

고추잠자리

숫돌과 아버지

아버지는 저녁 무렵 세숫대야에
물 떠 놓고 앉아 낫을 갈았습니다
아이는 아버지가 쓰으윽 쓱 가는 낫을
물끄러미 바라보았습니다

아이는 아버지가 되어 낫을 갈고 있습니다

얼만큼 기울여 갈아야 날이 서는지
풀을 베면서 알게 되었고
화를 품고 낫을 들면
손을 벤다는 것을 알게 되었습니다

한숨 속에 신음처럼 뱉으시던
아버지라는 말에 갸우뚱거리던 아이는

빈자리에서 낫을 갈고 있습니다

동박꽃 나무

그대 마음엔 무엇을 담았길래
힘겨운 이 계절에
나목들 사이로 푸르른가

그대의 어떤 상념이
그리 고운 꽃으로 피었는가

그대, 눈물이
금술로 맺혔는가

그대 선 자리 다를 바 없는데

의연한 잎새 위에 윤슬이 빛나고

함박눈 춤추는 날에도
변함없더니

따스한 봄날에

미련 하나 남기지 않고
속절없이 떠나는가

그대 빈 자리에
작은 소망 움트고

그대 발 등에
선홍빛 화관을 씌우니

봄볕이 아스라이 스치우네

털머위

나 여기 있어요

날 봐요

그늘진 바위틈에도

문제없어요

시린 겨울 오기 전에

고독이 깊어지기 전에

햇살 한 줌 나누어 드릴게요

겨울딸기　　　　털머위

머리새

가을 하늘 거친 붓으로 휘젓다

수크령

가시나무

너무 가까이 오지 않기를 바랍니다
상처 난 가슴은
아물지 않은 마음은
아프니까요
너무 멀리서 기웃거리지 않기를 바랍니다
누군지 갸우뚱거릴 테니까요
세 걸음쯤이면 어떨까요
원하면 좀 더 다가설 수 있고
바쁘면 스쳐 지나가며
눈인사만 해도 되니까요

가시나무는 가시가 없고
가시는 내 안에 있었습니다

내 마음의 정원

설 지나면 일제히
100미터 달리기

이름 모를 잡초들이
밀물같이 몰려온다

잔디밭엔 잔디처럼 위장하고
*우영엔 나물처럼 숨는다

이따 이따 미루기
풀숲을 만들지만

보이는 즉시 인사하는
재미가 쏠쏠해지면

정원은 철 따라 천의 미소로
말을 건넨다

*우영 : 집 가까이에 있는 텃밭을 이르는 제주방언

여완

흔하디 흔한
여름 들판에 널린
꽃이라는 이름조차 갖지 못하여
잡초라 불리는 당신은
뽑히고 갈아 엎어져도
포기라는 걸 알지 못하고
살아남아
척박한 땅 한 줌 일구고
산소 한 숨 만들고
여린 꽃대 우에
울 엄마 살아생전
밥상에 놓으시던 계란 후라이
주렁주렁 올려놓았네

개망초

팔손이

팔손이

하필 초겨울 하늬바람에 깨어났나요
긴긴 겨울밤을 어찌 견디려 하시나요

어찌하여
남들은 모두 비우고 움츠리는 계절을
절정으로 택하셨나요

주어진 숙명이라면
피하지 않으리라
마음 다잡은 것입니까

꽁꽁 얼어붙은 대지가 풀어지는 날에
가장 먼저 열매 맺기 위함인가요

순리대로 살라는 말이 무색하게
당신은 자신의 길을 걷고 있네요

별 낚시

땅거미가 그물 쳐 놓고
별을 주워 담으려 기다립니다
난 대나무 숲에 낚싯바늘 달고
어둡기를 기다립니다
별은 어둠 속에서만 나타나니까요
소박한 별은 원하는 대로 미끼를 덥석 물지요
이름 없는 별은 생각만 해도 낚아집니다
그런데 큰 별은
쉽지 않습니다
여간해서 꿈쩍 않는 고래 같습니다
간절함과 오랜 수고와 믿음이 있어야
한 번 힐끗 쳐다봅니다
여명이 밀물처럼 몰려와 어둠을 걷어낼 때
샛빌이 반가이 인사합니다

청화국화

태풍에 맞서는 방법

시월인데
국화도 이제야 꽃망울을 맺었는데
이름 모를 들꽃도 피고
만리향 금목서 천상의 향기도
오늘에야 퍼지는데
흐리고 음산한 바람이 분다

태풍이 온단다
이해할 수 없다
반가울 리는 더욱 없다
맞서서 싸울 수 있는 상대가 아니다
단지 대비하고 무사히 지나가기를 바랄 뿐
바람이 세어지고 있다
마음은 분주한데 봄은 더디다
빗방울 떨어지기 전에
할 일을 해야지

꽃들도 나무들도
잠잠히 견디어 줄 터이니

수선화

이제 막 겨울의 문턱에 들어섰는데
수선화가 피었습니다

봄꽃이 아닌
겨울꽃이라는 모험을 하였나요

동백꽃이 외로울까 벗이 되려 피었나요
따스한 햇볕에 의지하여 미소 짓고 있습니다

희망이 필요한 이에게
괜찮다고
겨울에 피는 꽃이 있다고 합니다

앞으로 뒤로 똑같은 날

2021년 12월 02일
20211202

미처 알지 못하고 지날 뻔했는데
알려 주는 이가 있네요

다시 없는 선물 같은 날입니다

빗방울 떨어지는 남조로 길 넘어오는데
무지개가 크게 걸쳐있습니다

누군가에게 오늘은 기적이고
누군가에게 오늘은 선물이며

그럼에도 불구하고 감사하는 이에게
오늘은 남은 날들의 아름다운 시작입니다

사위질빵

누리장나무

누리장나무

삼복더위 깊은 숲에 화려한 채색옷 입고
지나는 길손에게 손짓하는 그대는

향기로운 재스민 꽃들이 가득한
아름다움이었는데

만져보니 누린내 고약하네

아 이 냄새만 아니라면
금상첨화일진대

간절함을 요구하네
그럼에도 오라 하네

그대는 나의 고통을 어루만져 주려나

가까이 하자니 냄새가 역하고
뒤돌아 가자니 씀북씀북 통증이 발목 잡네

노아시 분주

삼 년 전이었나보다
노아시를 화분에 심고
정원 모퉁이에 놓았던 것이

중년에 접어들고 나서는
몇 년의 시간 지나는 것쯤이야
아무렇지 않게 되었다

노아시 심은 기록을 남기지 않았으니
몇 년 전쯤이랄 수밖에 없다

화분에서 오래다 보니
뿌리가 길게 뻗어나면서
사방으로 어린 묘가 자라나기 시작했다

모수 가지에서 내려보낸 양분으로
뿌리를 뻗을 뿐만 아니라
뿌리 위로 새 줄기를 올리니

새로운 생명이 탄생한 것이다

나는 이제 이 유묘를 뿌리가름하여 독립시키려 한다
뿌리가 잘리면
그동안 모수에게서 공급받던 양분이 끊어질 것이니
스스로 양분을 만들고
새 뿌리를 뻗어야 할 것이다

그리고 나는
분주한 노아시가 아름답고 멋진 나무가 되도록
지켜보면서 응원할 것이다

겨울 정원

창밖에는
눈이 바람 손을 잡고
하얀 융단 위
겨울나무 사이에서
돌담 위에서
왈츠를 춥니다

동지가 지난 후
여명은 잠에서 일찍이 깨어나
깊은 우물에 두레박을 내려

해를 퍼 올리고
설이 동구밖에 다다랐음을
까치가 알려줍니다

아직 깊은 잠에 취한 나뭇가지를 잘라
봄 접목을 준비하고
채종한 씨앗도 살펴보아야겠습니다

선홍빛 동백꽃이 미소 지으며 다가옵니다

봄일까?

익숙해진 차가운 바람에게
아무렇지 않게 말을 건넨다
어제가 입춘이었다는데
뼛속까지 파고드는 한기가 좋을 리 없건만
아득하기만 한 봄이라는 걸
잊어버렸어
기다림이 오랠수록
고통이 깊어지는 것 같아
그냥 잊어버린 척
괜찮은 척했던 거야
사무치게 그리웠던 널
지나쳐도 모를 만큼
무심했던 거야
그러지 않아도 되는데
너무 애태우지 않아도 되는데
아직 풀이 움직이지 않았는데

절물숲엔 벌써 복수초가 피었다 하네

노루귀

봄눈처럼 녹아지기를

폭설이 내린 건
엊그제였어

따스한 봄기운에
사르르 녹아내린
봄눈의 자취는
나무 그늘 아래
흔적으로만 남았네

봄 눈 사라지듯
내 안의 묵은 감정들도 녹아졌으면

꽃무릇

심은 대로 피는 꽃

잎만 보면 수선화도 같고
꽃무릇도 같은데
작년에 핀 꽃이 상사화였으니
이건 분명 상사화일 거야

지난해는 상사화로 피었다가
올해는 눈이 많이 내려서 수선화로 피고
십 년 전엔 꽃무릇이었다고 말하는 건
말도 안 돼

수선화는 수선화
꽃무릇은 꽃무릇
상사화는 상사화

우수를 지나며
나의 정원에 또 어떤 꽃을 심고 가꿀지 물어본다

제주상사화

아픈 기억을 지울 거야

무심결에 행복했던 순간들보다
깊숙이 새겨진 아픈 기억들
수치스럽고
화끈거리는
그런저런 세월의 나이테 쌓여 가는
동백나무는
봄날의 절정을 던지고 있네

봄비가 내립니다

풀도 깨어나고
벌레들도 깨어나고 있습니다

이른 봄꽃들이 피고
생기 오른 나무줄기들이
새싹을 틔우고 있습니다

돌아온 철새들은 은밀한 곳에
새 둥지를 짓고 있겠지요

농부의 마음은 분주하지만
차 한 잔의 여유를 부려봅니다

더위가 시작되기 전에
오늘의 봄을 감사하며
많은 이들이 좋아하는
조팝나무 삽목을 하렵니다

누군가에게
꽃을 선물하는 마음으로

황금조팝나무

3부 그이유

익모초

익모초

억새밭 사이
꿋꿋하게 세운
인고의 꽃을 피우기 위해
열돔의 맹렬한 폭염도
아랑곳하지 않은 당신

시리도록 맑은 시월의 그날에
뭉게구름처럼 세월 따라
홀연히 떠난 어머니

자식의 마른자리 깔아 주시던
당신 위해 한 송이 꽃을 드리려 해도
머물던 자취 찾을 수 없어

저미는 가슴을 치고만 있네

함덕해변의 밤

어둔 갯바위 홀로 앉아

밀려오는 파도에
내 마음 산산이 조각나고

야수의 송곳니에
몸을 맡겨보리라
수없이 되뇌었던 밤

눈물 한 방울 고치 삼아
명주실로 꿰매는 심장이라

차가운 바람이 등 떠밀어도
별 하나 내려와 물 위에 앉으니

끝이라 생각한 거기서
돌아선 발길이
회복의 첫 걸음이었네

벌개미취

그 이유

풀벌레 소리 커가는 것은
하고초 마른 것은
벌개미취 연보랏빛 꽃을 피운 것은
따가운 햇볕에도 나무 그늘이 시원한 것은
소쩍새 구슬피 우는 것은
동박 씨 익어가는 것은
별들이 더 빛나는 것은

가을이 저 산 넘어 다다랐음이야

단풍나무 고운 잎은

봄날의 새싹으로 태어나
한여름의 열기와 햇빛을 품어
생명을 주고

푸르른 시절 지나
울긋불긋 고운 단풍 되었네

한 줄기 바람 타고 날아
대지의 이불이 되려 하네

가을의 이별과
봄의 기약 사이에

잠잠히 기다리고
소망하는 날들이었으면

그런 기억으로 남았으면

호장근

가을이 지나기 전에

충분히 젖어들기도 전에
시나브로 사라지는
아침이슬 같은거야

기울어진 달이
몇 밤 지나 사그라지듯

떨어진 낙엽이
바람결에 흩날리듯

난 또다시 이렇게 섰는데
억새꽃 흔들리는
벌판에

첫 눈이 올 때까지
스치는 갈바람은
서둘러 언덕을 넘으니

노을진 산자락에
불빛 하나 켜지기를

비

거친 땅을 일구다
낯익은 풀뿌리 몇 가닥

배고픈데
엄마는 언제 오시려나

엄마 배고파

점심밥 시간이 한참 지나오신
엄마는 한참을 안절부절하다

풀뿌리 삶은 물을
아이에게 주었지

달착지근한 물이 맛있어
다음 날 또 달라고 했지만

엄마는 대답 없이

다신 그 물 주지 않았네

내 새끼 밥 굶기지 않으려
뒤돌아서 흘린 눈물로
아이는 자랐네

삐 (띠뿌리)

별리

인천에 계신 구순의 어머니를
소식 없이 찾아뵙던 날은

깜짝 놀라시며
큰 선물이라고 기뻐하셨지요

환하게 웃음꽃 핀 어머니는
몸 가누기도 힘든 분이
중년을 지나는 막내 아들의 만류에도
"내가 할 거야 내가 할 거야"
이부자리를 깔아 주시겠다 하셨습니다

허리 굽히기조차 힘겨워
어렵게 어렵게
자리를 펴시는 당신의 얼굴은

아기를 돌보는 엄마처럼
미소가 떠나지 않았습니다

막내가 제주로 돌아가는 날에는
손을 꼭 붙잡고
"하루만 더 자고 가면 안 돼?"
"일 때문에 가봐야 해요
또 올게요"
추운 겨울 마다 않고
꼭 밖에까지 배웅해 주셨습니다

오늘이 마지막이 될 수 있어서
막내아들 뒷모습 보이지 않을 때까지
잘 가라 손짓하며
하염없이 바라보셨나요

그날은 그렇게
당신이 예감한 날이 되었습니다

당연하지

돌담 울타리가 서 있는 게
당연한 줄 알았네

세상만사 당연한 게 있을까

그것이 당연하도록
누군가는 애써야 하고
힘써야 하고
눈물도 흘려야 하지

팥배나무

바람 언덕에 서 있는 팥배나무

멀리 볼 수 있어서 좋겠다
대신 바람은 무지 세겠네

할미새

꿩과 사냥꾼

너무 다급한 상황에 쫓기다
풀숲에 머리를 처박은 채 덜덜 떨고 있는
꿩의 전설이 있었다네

눈 감는다고 해서 위험이 사라지지 않는데

왜 이런 지경에 이르렀는지
앞으로 어떤 일이 일어날는지

두 눈 크게 뜨고
침착하게 생각하고 대처하는
지혜로운 꿩들도 있고

강물에 떠내려가는
새들도 있네

새포아풀

새포아풀

그렇게 세계를 품었습니다

어떤 자리도 원망하지 않고
살 궁리부터 하였습니다

뽑히어 던져지면 거기서 버텼습니다

말라가는 풀 무더기 속에서도
물기를 붙들어 살았습니다

뿌리 내려 잎새 올리며
풀 꽃을 달았습니다

어떤 상황도
스스로 포기하지 않는 한
그대를 꺾지 못합니다

한겨울에 내가 할 수 있는 일

나는 칼바람을 멈출 수 없다
나는 눈을 비로 바꿀 수 없다
나는 기나긴 밤을 낮이 되게 할 수 없다
나는 겨울을 봄이 되게 할 수 없다

나는 옷깃 여미며 봄바람을 소망할 수 있다
나는 내린 눈 사이로 길을 낼 수 있다
나는 밤에 기도할 수 있다
나는 봄을 기다리며 준비할 수 있다

이 계절을 한숨과 무기력으로 보낸다면
봄꽃들의 향연을 맞이하기에 부끄러울 테니까

약봉지

당신이
밥 드실 때마다 꼭꼭 따라다니던
그것은
물 한 모금 털어 넣고
고개 젖혀 삼키시던
속 울음

늘 보던 익숙한 모습에
언제 병원 가시는지
약은 떨어지지 않았는지
무심했던 자식 곁에
어느새 따라왔네
한숨이

펑펑 내리는 함박눈은
근심도 한숨도 눈물도 없는
하늘 편지
당신의 빈자리에
곱게 곱게 쌓이네

채마밭에서

스산한 바람 부는 날

언제나 내 편이던 어머니

당신이 가꾸시던 텃밭에
수년 만에 찾아가 보니

누군가 일구는 손길 있어
콩이며 토란이며 상추는 여전한데

환히 웃으며 밥 먹었냐 물으시던
그분은 찾아도 보이지 않고
기다려도 오지 않네

텅 빈 하늘 쳐다보는데

아빠, 여보 어디 있어요?
날 찾는 소리 들리는 듯하여

쓸쓸히 발걸음 돌리네

잔대

짚신나물

잊혀진 이름이었습니다
당신을 알기 전에는

현기증이 났습니다
당신을 처음 본 순간에

눈을 뗄 수 없었습니다
금빛 화관 기울인 겸손한 자태에

부를 수 없었습니다
당신의 이름을

만질 수 없었습니다
팔월 한낮 뜨거운 열기로
기어이 빚어낸 금장식을

그저 바라만 보고 있었습니다
스치는 바람결에 흔들거려도

밤하늘 수 놓는 불꽃놀이처럼

당신의 절정이 터지고 있습니다

짚신나물

지붕 위 황소처럼

폭풍 전야는
바람 한 점 없이 고요하고
별들은 말갛게 빛났다

어제가 된 밤을 지나
비바람 휘몰아치는 오늘
거스를 수 없는
거대한 폭풍 속에서
할 수 있는 일이란
잠잠히 견디고 버텨내는 것

지붕 위에 올라간 황소들처럼

홍수로 범람한 거센 물살에
몸을 맡기고 떠내려가면서도
희망 한 올 부여잡고 오르는 것

이 바람도 지나가는 것이고

맑은 햇살 다시 비칠 때
그땐 그랬지
기억의 한 조각일 뿐

폭풍 속으로 들어서는 것을
두려워하지도
이기려 하지도
말자

복수초

춘설

설 지나
수선화 천리향 매화 피었으니

아직 이월인 걸 깜박 잊었네

며칠 동안 봄날 같아
성급한 마음 진정시키려
눈보라 몰아치네

두툼한 외투 입고
눈가래 미는데
손가락 깨지는 듯 시리고 숨 가빠도

복수초 금꽃은 눈 속에 피어
아지랑이 어른거릴
봄날이 머지않았다 하네

수국, 메밀밭

봄 정원의 서정

어느덧 따스해진 햇볕
솜 구름 하늘을 달리고

길어진 그림자 한 가닥
연못가에 머물고 있는데

툭툭 떨어지는 동백 꽃송이

노루귀 쫑긋거리는
섬휘파람새 노래

온몸으로 껴안고
놓아 주지 않으리

찔레

찔레꽃 피는 오월의 아침

찔레꽃 향기는 바람에 실려
마음 깊이 스미는데
엄마 품속에서 맡았던 그 향기
흐르는 냇물처럼
흘러간 구름처럼
아련한 추억의 내음
어두운 밤 지나 맺힌 이슬
송이송이 소박한 흰 꽃송이
모양마저 엄마 같네
가없는 외사랑
이제야 알려 하니
꽃은 시들어 떨어지네

물수선화

시월, 눈부신 날에

시월 초
추석이 지난 어느 날이었습니다
티 하나 없이 맑고 햇살 가득한
눈부신 날이었습니다

당신의 삶은
늘 흐리고 궂은비 내리며
폭풍우 치는 밤이더니

떠나가시는 날에야
하늘은
그리도 아름다운 가을
하루를
허락하였습니다

잠에 빠진 듯 평온하였습니다
당신이 기다리던
그날은

당신의 이름이 불리고
하얀 보자기에 쌓인
상자를 받아 든 순간부터
버스에 오르기까지

주체할 수 없는 회한에
봇물 터지듯 눈물을 게워내며
후들거리는 다리를 끌었습니다

수많은 죽음을 보고
마지막 인사도 많이 나누었지만

당신을 보내는 순간은
전혀 낯설은 감정이었습니다

이 땅의 이별을
생각은 했어도
마음은 그렇지 않다는 걸 몰랐습니다

방울종 소리, 노랫소리
하얀 옷에 하얀 너울 쓴 당신이
통곡하며 따르시던 꽃가마를 보며
어리둥절하던 꼬마의 기억이
어제인 듯 선명합니다

후에야
그날은 당신의 어머니를 보내시던
날이었음을 깨닫게 되었습니다

당신이 지키시던 자리를
나도 지키다
당신이 가신 길을 따르는 것은
그리 멀지 않은 날이겠지요

끝내 전하지 못한 말
고마웠습니다
사랑합니다
어머니

돌담 쌓기

딱, 딱, 빡, 툭 툭 톡 톡

*돌챙이의 얼굴은 분무기를 맞은 듯
송글송글 물방울이 맺혔다가
깊어진 주름살을 타고 주르륵 구른다

검은 화석을 조준하여
내리치는 쇳덩이가 쉭 하며 맞는다

쩍!

시커먼 고통 하나가 쪼개진다
무지와 후회가 더욱 잘게 바스라진다

끙!
저절로 나는 신음과 함께
한 조각 퍼즐이 맞춰진다

다음 먹잇감을 노리는 석공의 시선은

나뒹구는 검은 숯덩이들에 멈춘다

굄돌이 필요해

깨지고 못생겨도
보이지 않는 곳에서 밑받침이 될 그것

마땅한 게 없네

왜 하필 나야?
잘 보이는 데다 놓아줘

돌들이 소란스럽다

한줄기 시원한 바람이라도 불었으면 좋으련만
오늘은 구름 한 점 없네

투박한 손은 거친 숨 몰아쉬며
철망태 안에 간절한 바램들을 주워 담는다

*돌챙이: 돌에 미친사람, 주로 돌담 쌓는 석공을 이르는 제주방언

보물찾기

불현듯 다가와 환영처럼 사라지는
그대를 만나기 위해
풀숲을 두리번거리고
노을진 들녘에 나가 풀꽃에 눈을 마주친다
폭풍 언덕에 서고
새들의 흥얼거림 콧노래 답하고
풀벌레 하소연에 귀 기울이며
나비의 날갯짓에 감탄하고
구름이 흐르고 별들이 속삭이는 계곡에 앉는다
이슬방울에 눈물 담고
후두둑 빗소리에 화들짝 놀라며
폭풍이 불면 절벽 끝에 올라
나래 펴는 *바보새를 떠올린다
바닷가 모래알의 사연 들으며
무심코 지나치던 돌담 아래
이끼의 울림
먹먹한 가슴 진정하려 걸음 멈춘다

다가서면 멀어지고
모른척하면 곁에 서는 그대
시라는 보물

*바보새 : 알바트로스

붉은조개나물

뒷모습

나는 내 뒷모습을
한 번도 본 적이 없습니다

남들은 내 앞모습도 뒷모습도 봅니다

나의 뒷모습이 어떨지 궁금합니다

4부 나무야 나무야

구름 하늘

하늘이 아름다운 건
구름 때문이야
잿빛 하늘도
먹구름도
뭉게구름도

하늘을 흔들 수 없어

동백씨

섬에서 길을 잃다

설마 섬인데 그럴 리가
앞으로 계속 걸으면
바다가 나오지 않나?

곶자왈에 들어가면
낮에도
울창한 나무와 덩굴이 우거져
어둑하고
큰 돌과 가시덤불 피해 가다 보면
낯익은 제자리로 돌아와 있다

길을 잃은 것이다

나무야 나무야

네가 스스로 뿌리를 내리고
힘차게 새순을 내기 전에는

햇살도
비도
바람도
너를
아프게 할 거야

네가 굳게 서는 그날에

추위와 더위까지도
너의 꽃과 열매를 위해
도와줄 거야

그대의 주소

우주 우리은하 태양계 지구
대한민국 제주
선흘곶
제주고사리삼

그대들이 유일하게 택한 삶의 터전

당신도 우주에서 둘도 없는
귀한 생명입니다

제주고사리삼

생존

부드럽게
우아하게
품위있게
정글에서 살아남을 수 있었을까

하눌타리

가시덤불 안에 하눌타리

가시딸기와 찔레와 실거리와
청미래덩굴이 엉켜 있습니다

타고 오를 나무가 없어
가시덩굴들이 서로 의지합니다

그 사이로 하눌타리 열매가
크고 탐스럽게 달렸습니다

찌르던 가시들은 열매를 보호해줍니다

호자나무

잎새 사이 가시 세운 호자낭*
나무 그늘 아래 불 밝히고
다시 오실 님만을 기다리네

*낭 : 제주에서는 나무를 낭이라 한다

양철지붕에 쌓인 그리움

양철 지붕 위에 소복이 쌓인 흰 눈이
녹아내리다 절편 떡이 되었네
시루 틈으로 붙여 놓은 밀 반죽 사이로
쉬이익 쉬이익 터져 나오던 김에
익어가던 시루떡이 생각나고
방앗간 기계에서 쑥쑥 나오던 절편도
그리워지네

2020. 06. 21. 17:30분경 제주선흘리에서 본 부분일식

일식

구름에 가린 해가
초승달로 치환되었습니다

내 눈으로 보기 전에는 안 믿어

보이는 게 다가 아니었습니다

봄을 보리라

봄날은 급히 오지 않고
혹한은 쉬이 가지 않네
강풍 속에 흰 눈 날리는
날은 겨울 같기만 한데
봄의 전령 이미 왔으니
봄일 텐데 한겨울 같네
꽃들은 봄을 어찌 알까
소리 없이 준비함이니
이 계절도 지나가는 것
한 밤 두 밤 자고 올 봄을
두 눈 크게 뜨고 보리라

붓꽃

물 빠진 바닷가에 서서

물이 모두 빠져나간 바닷가
모래밭은 쓸쓸하지만
보이지 않아도
저 멀리서 밀물이 시작된 거야
이미

그러니까
조금만
잠시만 숨을 가다듬고
기다려보게

귀 기울여
파도 소리, 소라게와 뿔고둥 소리를 들어봐
속살거리며 전해 주는
별들의 아득한 이야기를

괜찮아 네 잘못이 아니야

파도가 삼키려 하면
가만히 물러서서
기다리는 거야

끝이라 생각되어도
지나가는 바람일 뿐이야

슬픈 어제와
아픈 오늘은
너를 더 단단히 세워줄 거야

그리고
추억이 될 거야

거센 바람에 날개를 펴고
비상하는 갈매기처럼
날아봐

너니까
너무도 특별한
나의 너니까

잊지 마
반드시 기억해

가장 힘든 그 순간에도
내가 너와
함께 한다는 것을

고비

봄날에

지난 겨울의 여운이
아직 목덜미에 남아 있기에

아침을 맞이하는 정원의 공기는
차가우면서도 신선하다

처음 겪는 따스한 겨울이었다 하더라도
아침은 또 다른 새날이니
오늘 핀 꽃이 방긋 미소 지으며 반긴다

이른 봄꽃들이 지고
고사리가 고개를 들었으니
사월이 코 앞이다

사나운 폭풍이 몰려올 때서야
비상하는 바보새처럼

봄을 알리는 보춘화처럼

겨울의 흔적을 지우는 봄날이다

탱자나무가 조각자나무에게

난 가지마다 가시가 있어
아무도 나를 얕볼 수 없어

흠
난 몸통에도
무시무시한 가시가 박혀있지

상흔이 되지 못한 상처들의 슬픔

천남성

햇살, 안개, 이슬, 바람, 양분
그리고 어둠
모든 걸 버무려 독을 품다

천남성

먹구름

어항에 먹물이 떨어졌습니다

물을 갈아야 합니다

안개 낀 정원

선명한 게 없이 뿌옇게 흐립니다

나무들은 안개 속에 하나가 됩니다

흩어지면 길을 잃으니까요

봄 그리고 연못

살어름 풀리고
물고기들은 늦잠을 자는데
벚꽃잎이 문을 두드리네

섬휘파람새는
바다를 건너 왔고
따스한 바람은
철새 나래 묻어 왔네

버들강아지 기지개 펴는데
연못에 세수하는 아침 해는
부지런도 하지

주물난로

몇 년 동안이나
정원 귀퉁이에 방치하던 난로
쌀쌀해진 날씨에
작업하며 몸 녹이려고 불을 지폈다
바람에 연기가 눈물을 빼놓아도
따뜻한 난로 앞에 의자를 놓으니
마냥 좋다
차 끓일 주전자도 올려놓고
커피와 컵라면도 가져와야겠네

가시밭 길 헤쳐 나가야 한다면

푸른초원을 보았습니다

저 너머에 가려고 발을 딛으니
가시덩굴 우거진 가시밭이었습니다

갈까 말까 망설이다
한 걸음씩 걸었습니다

너무 힘들어 앞을 보니
끝이 보이지 않았습니다

긁히고 박힌 가시들에
돌이켜 보니 돌아가기엔
너무 멀리 와 버렸습니다

오도가도 못 하는 이 상황

한 걸음씩만 헤쳐 나가렵니다

언젠가 이 길 끝에서
안도의 한 숨을 쉬겠습니다

뒤돌아 보면 새 길이 나 있을테지요

1월 아침에 뜬 달

긴긴 겨울밤을 달렸습니다
꽁꽁 얼어붙은 몸
겨울나무에 잠시 걸터앉아
대지의 품에 쉬려 합니다

부전나비

나방

송충이
네번의 탈피 후
날개를 달았어

축하해요

하지만
당신의 모험이
여기서 끝나지 않기를 바랍니다

임금택 시인의 작품세계

시의 해변에서 물아일체(物我一體)가 되어 건져 올린 인생 시

경암 이철호(소설가, 문학평론가)

　임금택 시인은 제주도에 살면서 섬의 보물을 캐서 시의 재료로 쓰고 있다. 섬 어디에서나 자연의 파수꾼이 되어 좋은 시를 건져 올리는, 맑은 영혼의 소유자이다. 살아가는 동안 주변 사람들을 따뜻하게 감싸고, 그 속에서 세상 사는 이치를 찾아내어 울림 깊은 시를 쓴다.
　그의 시를 읽다 보면 몇 번을 갔어도 보지 못한 제주도의 진면목이 시 속에 스며 있어 문학 속에 삶의 철학이 내재되어 있음을 감지한다. 감성이 살아있으면서 독창적인 시어 구사로 아름다운 풍광이 떠오르다 주제를 전달하는 폐부를 찌르는 구절에서 알싸한 아픔을 느끼며, 여러 번 읽어보게 하는 마력을 지녔다.
　문학은 마음이 넉넉하고 세상 모든 것을 사랑하며 품을 수 있는 사람에게 애틋하게 안겨온다. 글을 쓸 때 그 품격이 작품 속에 전해져 인간미에서 우러나온 감동이

독자에게 은은하게 전달되는 것이다. 그런 에너지는 문학의 순기능이 되어 독자들의 인생관을 바꾸어 놓고, 보이지 않던 사물들이 말을 걸어오면서 행복해진다.

  임금택 시인은 〈한국문인〉을 통해 등단하고, 열심히 시를 써서 첫 번째 상재하는 시집이다. 시 속에는 오랫동안 보아왔던 생명을 지닌 눈 앞에 펼쳐지는 상황들을 노래하고 독자는 함께 공유한다. 그 섬에 끌려 들어가 미소 지으며 설레게 하고, 그곳에서 사는 사람에게만 보여주는 풍경을 형상화해서 보다 신비로운 세계에 몰입하게 한다.

  탁월한 문학적 재능과 섬세한 감성으로 빚어내는 수준 높은 시를 통해 그의 시야에 포획된 대상은 해부된다. 일부러 걸음을 멈추고 자세히 보아야 보이는 존재들, 얼마간 시간이 지나면 사위어갈 존재의 이름을 불러주며 의미를 깨닫게 하고, 자신을 소중하게 안아보며 사유할 수 있는 시를 지금부터 산책해 보자.

    사람들이 섬 섬 하길래
    그렇구나
    내가 섬에 사는구나 하였습니다

    삼 년은 유배지에 갇힌
    죄수의 심정이었는데

세월이란 게 잊게 하였습니다

육지라는 말이 스스럼없이 나오면서
섬사람이 됐다고 생각하면서도
사노라니 잊게 되었습니다

어디라고 만만하겠는가
세상살이가 다 그렇지요

아침 햇살에 눈뜨며 감사하고
별빛 초롱한 밤에 마른자리 감사하니
섬에 발 딛고 있어도 감사합니다
-〈섬에 살고 있습니다〉 전문

시의 전문으로 지금까지 살아온 삶의 흔적들이 주마등처럼 스친다. 인생길을 가다 보면 자기가 사는 이곳이 유배지라고 느꼈던 적이 있을 것이다. 하지만 그러한 상황을 극복하려니 어디라고 만만하겠는가. 상처 입은 마음을 달랜다. 차차 섬사람이 되어 가는 것을 감사하며 좋은 시를 쓰고 있으니 얼마나 다행한 일인가. 제주도에 사는 도민들은 반도에 사는 사람을 육지인이라고 구분하여 부르며 산다.

하지만 시인에게는 아직도 극복하지 못한 것들이 있기에 괴로운 밤을 보낸다. 오랜만에 만난 갈구하던 달은 너무나 밝아 전전반측하며 뒤척인다. 단순한 달빛이 아니라 그의 마음속에서 기다리던 소중한 무엇을 상징하는 달빛은 비추지만 쉽게 새벽은 오지 않고 그것을 기다리며 사는 게 우리네 인생살이다.

>달빛이 너무 밝아
>잠을 잊었습니다
>풀벌레 소리에
>뒤척이다 앉았습니다
>검푸른 숲에 소쩍새만이
>깨어있습니다
>그 많던 아름다운 새들은 어디에 숨었을까요
>그토록 갈구하던 달이 환히 비추는데
>…
>여명의 새벽 아침은 거저 오지 않습니다
>-〈잠 못 드는 밤〉 전문

마투라나 학자는 "관찰은 모든 것의 원천이다. 관찰자가 없으면 아무것도 존재하지 않는다."라고 말했다. 시인은 달 밝은 밤이면 유달리 감성이 돋아나고, 어둠이 지나는 것 같지만 그 후 진짜 어둠이 짙어가는 것을

본다. 여명은 거저 오는 것이 아니라는 것을 삶 속에서 발견하는 철학자의 일갈에 진심을 웅숭깊게 담아낸다. 그래서 시를 거듭 읽으며 살펴보게 한다. 맛 깊은 마음을 추적해 보며 읽는다.

우리는 잎과 열매를 다 벗어 던진 겨울나무로 결연히 나아가 자기 자신의 실체와 마주한다. 어떤 것의 실체를 보려면 자기 치장과 꾸밈을 버리고 세상이 부여한 이미지를 벗고 겨울나무처럼 경건해져야 삶을 성찰하며 관조적인 시를 쓸 수 있다. 겨울 숲은 세상의 어떤 이별도 마지막이 아니라고 말한다. 한 계절의 끝은 새로운 시작으로 이어진다.

> 그대 마음엔 무엇을 담았길래
> 힘겨운 이 계절에
> 나목들 사이로 푸르른가
> …
> 그대, 눈물이
> 금슬로 맺혔는가
>
> 그대 선 자리 다를 바 없는데
>
> 의연한 잎새 위에 윤슬이 빛나고

함박눈 춤추는 날에도
　　변함없더니
　　…
　　-〈동박꽃 나무〉

　임금택 시인의 시 '동박꽃 나무'를 보면 인간과 자연계의 법칙을 순환의 섭리로 노래하고 있다. 동백꽃은 그대의 마음에 무엇을 담았기에 모든 잎이 다 떨어진 나목들 사이에서 선홍 빛 화관을 쓰고 차가운 눈을 견딜까. 그렇게 붉은 꽃송이가 겨울을 보내고 다른 꽃들이 만발하는 따스한 봄날에 미련 하나 남기지 않고 꽃송이째 선혈처럼 떨어지며 속절없이 떠나갈까?

　'팔손이' 시에도 왜 추운 겨울에 꽃을 피우는지 그의 삶에 시련이 닥칠 때마다 겨울 꽃들, 동백꽃 팔손이에게 본질적인 질문을 던진다. 그리고 숙명이라면 굳건히 맞서겠다고 삶의 의지를 불태우는 태도가 가상하다. 그렇게 견디며 사노라면 가장 먼저 단단한 열매를 맺으리라는 시인의 모습이 겨울나무처럼 의연하다.

　　하필 초겨울 하늬바람에 깨어났나요
　　긴긴 겨울밤을 어찌 견디시려 하시나요

...
꽁꽁 얼어붙은 대지가 풀어지는 날에
가장 먼저 열매 맺기 위함인가요
순리대로 살라는 말이 무색하게
당신은 자신의 길을 걷고 있네요
—〈팔손이〉

아버지는 저녁 무렵 세숫대야에
물 떠 놓고 앉아 낫을 갈았습니다
아이는 아버지가 쓰으윽 쓱 가는 낫을
물끄러미 바라보았습니다
...
한숨 속에 신음처럼 뱉으시던
아버지라는 말에 갸우뚱거리던 아이는

빈자리에서 낫을 갈고 있습니다
—〈숫돌과 아버지〉

 위의 시에는 아버지에 대한 그리움이 절절히 배어 있다. 가슴이 메는 사랑이 가득하다. '숫돌과 아버지'에서 시적 화자는 아버지가 되어 풀을 베려고 낫을 갈다 보니, 유년의 추억 한 귀퉁이에서 세수대야에 물 떠 놓고 낫을 갈던 아버지가 소환된다. 그가 떠난 빈자리에서도 여전히 낫을 가는 아버지의 이미지를 신음처럼 뱉고 있다.

우리들의 삶에 오후가 왔을 때 나뭇등걸처럼 거칠고 뭉툭한 손으로 삶의 족보를 이야기하며 혼탁한 경쟁 사회에서 초연한 가장으로 삶을 마감할 수 있는 아버지들이 대를 이어간다. 아버지가 되고 나서야 낫의 날이 서는 각도를, 화가 날 땐 낫질을 하지 말아야 한다는 것을 비로소 안다. 부모님 삶의 자취를 시로 써놓고 우리는 어떻게 살아야 하나 해답을 찾아보는 시인의 삶의 태도가 잘 드러난 시이다.

…
늘 보던 익숙한 모습에
언제 병원 가시는지
약은 떨어지지 않았는지
무심했던 자식 곁에
어느새 따라왔네
한숨이

펑펑 내리는 함박눈은
근심도 한숨도 눈물도 없는
하늘 편지
…

시 '약봉지'는 원초적 그리움의 대상인 어머니에 대한

애가이다. 시가 간결한 데도 어머니의 고개 젖혀 약을 삼키며 속울음도 삼키던 모습이 선명한 그림처럼 각인된다. 앞으로 누가 약을 먹는 모습을 볼 때마다 이 시가 생각날 듯하다. 이제는 저세상에서 아프지도 않고, 걱정도 없이 살면서 자식들을 내려다본다.

그러다 함박눈에 하늘에서 돌아가신 어머니가 편지를 써 보낸다고 보는 독창적인 메타포에 개인적 상징물을 발견한 듯 시어의 선택이 돋보인다. 눈은 하늘의 선녀가 하늘하늘 춤추며 내려오는 것 같이 보이는 평자에게 이렇게 형상화할 수 있는 그만의 표현력이 돋보인다. 간결하지만 단단하게 표현된 대단한 시이다.

    그저 그런 사람
    있어도 없어도
    표나지 않는
    자리나 채워주던
    그림자 같은 사람도

    간절히 꿈꾸면

    뭔가

    소원의 깃털을 입고

끈기라는 날개를 퍼덕이면
하늘을 날 수 있음을
알면 좋겠습니다
_ 〈뒤에서 박수치는 담당〉

  위의 시는 평범한 사람들에게도 누구나 간절한 소원이 있음을 말한다. 끈기 있게 노력하면 비상할 수 있다고 다독이는 따뜻한 인간애가 돋보인다. 오래된 『샘터』라는 잡지에는 '평범한 사람들의 행복한 이야기'라는 주제 글을 실었는데 소박하지만 진실된 이야기들이었다. 사실 이런 범상한 사람들 때문에 세상은 제대로 굴러가기에 우리 모두 소중한 존재이고, 일생을 평범하게 살 수 있다면 그는 분명 제대로 산 사람들이다.

풀도 깨어나고
벌레들도 깨어나고 있습니다
이른 봄꽃들이 피고
생기 오른 나무줄기들이
새싹을 틔우고 있습니다
…
더위가 시작되기 전에
오늘의 봄을 감사하며
많은 이들이 좋아하는
조팝나무 삽목을 하렵니다

누군가에게
꽃을 선물하는 마음으로
-〈봄비가 내립니다〉

 겨울을 견디고 새로운 계절을 시작하는 자연의 품속에 안겨 세월 뒤척이는 소리와 새싹 깨어나는 소리를 듣는다. 우리네 인생도 싱그럽게 봄을 열며 사랑하는 사람들에게 따뜻한 봄의 선물을 나눠주자는 자연의 섭리를 시 행간에서 주워 올리게 하는 사색이 깃든 시이다.
 겨울이 깊어지면 곧 봄이 온다는 셸리의 시구처럼 최선을 다해 계절을 마감하고 새봄을 맞이하는 삼라만상을 바라보며, 인간의 삶과 더불어 모든 생명이 귀하게 여겨지며 외경심을 갖게 하는 시이다. 여우 꼬리 같은 줄기에 소금을 뿌린 듯 나무줄기를 따라 하얗게 피어나는 조팝나무 꽃을 선물하고 싶어 하는 화자의 정원으로 우리를 초대하는 시이다.

 이 시집은 마음을 투영해야 보이는 생명들의 섬세한 이야기를 품고 있어 시를 읽다 보면 경이로운 발견을 하고, 농익은 삶이 환하게 묻어나는 아픔이 들어있거나, 자연친화적인 삶을 동경하는 사람들이 찾아와서 공감하고 싶어 하는 제주도의 속살을 여실히 안내해준다.
 임금택 시인은 유네스코에도 올라있는 아름다운 제

주의 자연 속을 거닐며 자아성찰을 한다. 사색하며 걷는 길에서 마주쳐도 피하지 않고 당당하게 자아를 응시한다. 계절에 따라 노래하는 새와 야생화가 손짓하는 아름다운 자연 속에서 삶에 대한 혜안을 가지고 여유 있게 마음 비우고 산다. 그렇게 물아일체가 되어 쏟아내는 시라서 깊이가 있는 인생 시가 되었다.

시란 풍요로운 정서와 폐부를 파헤치는 관찰력으로 사물을 관조한 후 깊은 사유 속에서 시어를 건져 올려야 한다. 시적 대상에 대한 내적인 소통을 통해 내재된 본질에 다가가고 성숙한 시로 피어나는 것인데 시인의 독특한 시어로 섬에서 체득한 감흥을 표현한 것은 어디에서도 볼 수 없었던 선경후정의 시풍이 절창이다.

임금택 시인은 아름다운 시를 쓰고자 끊임없이 노력하는 부지런한 시인으로 앞으로도 좋은 시가 계속 쏟아지리라 믿는다. 시인만이 지닌 독창적이고 참신한 시풍이 계속 이어지면서 사람들의 가슴에 속살거릴 것을 믿는다. 시인의 인품에서 나오는 문학적 성과를 앞으로도 계속 지켜볼 것이다.

시인은 앞으로도 시의 해변에서 고독한 등을 보이며 서성일 것이고, 감성이 이끄는 대로 운을 맞추며 시의 행간을 방황할 것이다. 외로운 산책자는 단아하고 기품이 있으며 감동으로 가슴에 뻐근한 아픔을 주는 시를 계속 써 나갈 것이다.

나를 찾아 떠나는 여행 섬, 사람

1판 1쇄 발행 2022년 3월 3일

글, 사진 임금택
펴낸이   강신옥
펴낸곳   한국문인출판부
          등록번호 ｜ 2021-000235
          서울시 마포구 월드컵북로235, 19-704
          ☎ 010-9585-7785
          gtree313@gmail.com

Printed in Korea ⓒ 2022 임금택
값 13,000원
ISBN 979-11-975892-4-9

※ 이 책의 저작권(사진, 글)은 저자에게 있습니다.
※ 서면에 의한 저자의 허락없이 내용의 일부나 전부를
　 인용하거나 발췌하는 것을 금합니다.
※ 잘못된 책은 바꿔 드립니다.
※ 저자와 협의하여 인지 생략합니다.